おっと合点《がってん》
承《しょう》知《ち》之《の》助《すけ》

ことばをつかってみよう

まえがき

〜毎日《まいにち》の生活《せいかつ》のなかで「つかえることば」をふやしていこう！〜


日本語《にほんご》には、いいことばやおもしろいことばがたくさんある。

ことばは、声《こえ》に出《だ》してつかってみることで、よさがよりわかるものなんだ。


雪《ゆき》がふってきたら、ふつうは「あ、雪《ゆき》だ」というよね。

その時《とき》に「むまさうな雪《ゆき》がふうはりふはり哉《かな》」といってみたらどうだろう。

雪《ゆき》がふってきたうれしさや、かきごおりみたいな雪《ゆき》の白《しろ》さにかんどうした気《き》もちがわかるんじゃないかな。

思《おも》わず雪《ゆき》を食《た》べたくなるかもしれないね。


おうちの人《ひと》に「おふろのおゆをためて」といわれた時《とき》、いつもなら「わかったよー」とこたえるよね。

そのかわりに「おっと合点承知之助《がってんしょうちのすけ》！」といってみたらどうだろう。

「よし、やるぞ！」と元気《げんき》が出《で》て、おふろ場《ば》に走《はし》っていきたくなるかもしれない。

また、生活《せいかつ》や人生《じんせい》のちえがつまっていることばもあるよ。
たとえば、新《あたら》しいことにチャレンジする時《とき》、ゆう気《き》が出《で》なかったり、
自《じ》しんがもてなかったりすることがあると思《おも》う。

そんな時《とき》「為《な》せば成《な》る！　為《な》さねば成《な》らぬ何事《なにごと》も」を知《し》っていれば、
「できるかできないか考《かんが》えていてもしょうがない、やってみなきゃできるわけがないんだ！」
と気《き》もちをきりかえられるよね。

口《くち》にしたことばは、心《こころ》にはたらきかけて、心《こころ》をかえていくんだ。
そして、心《こころ》がかわると行《こう》どうがかわる。
おちこんでいたのに友《とも》だちとわらいあえたり、やりたくないことでも楽《たの》しくできたり。
早口《はやくち》ことばをいっしょうけんめいれんしゅうしていたら、
いやなこともついわすれて、むちゅうになってしまうかもしれないね。

つかうとおもしろいことば、つかうと強《つよ》くなれることば、つかうとべんりなことば。
いろんな場《ば》めんでつかえることばをたくさん知《し》って、日本語《にほんご》を楽《たの》しんでみよう。

読者《どくしゃ》のみなさまへ

●この本《ほん》でとりあげている名文《めいぶん》やことばは、NHK《エヌエイチケイ》 Eテレ《イー》「にほんごであそぼ」の番組《ばんぐみ》でしょうかいしたものです。
番組内《ばんぐみない》でのセリフや、文《ぶん》しょうの元《もと》となる出典《しゅってん》に合《あ》わせて表記《ひょうき》していますので、げんざいのおくりがなや、読《よ》み方《かた》とちがうところがあります。
●出典《しゅってん》のタイトルは本文《ほんぶん》のページに記《しる》してあります。「より」とあるのは作品《さくひん》の一《いち》ぶぶんをぬきだしています。
●とくにおぼえてほしいフレーズや、たいせつなところは文字《もじ》を大《おお》きくしました。いしきして読《よ》んでみてください。

もくじ

出演《しゅつえん》　小錦八十吉《こにしきやそきち》／野村萬斎《のむらまんさい》／市川猿之助《いちかわえんのすけ》／うなりやベベン
つばさ・りょうたろう・りか・ゆい／あもん・てるみ・ほのか・さつき
りんか・かいと・まり／はるとも・つきか・けいと・ひなこ・さゆき

ちゅう ちゅう
たこ かいな

犬《いぬ》が
西《にし》向《む》きゃ
尾《お》は 東《ひがし》

無花果《いちじく》　人参《にんじん》
山椒《さんしょ》に　椎茸《しいたけ》
牛蒡《ごぼう》に　無患子《むくろじゅ》
七草《ななくさ》　初茸《はったけ》
胡瓜《きゅうり》に　冬瓜《とうがん》

せり　なずな
ごぎょう　はこべら
ほとけのざ
すずな　すずしろ
これぞ　七草《ななくさ》

お飯《まんま》炊くなら
始《はじ》めちょろちょろ
中《なか》くわ《か》っ　くわ《か》っ
赤子《あかご》泣《な》くとも　蓋取《ふたと》るな

四世鶴屋南北《よんせいつるやなんぼく》
「浮世柄比翼稲妻《うきよづかひよくのいなづま》」より

「十二支《じゅうにし》」

子《ね》

丑《うし》

寅《とら》

卯《う》

辰《たつ》

巳《み》

午《うま》

未《ひつじ》

申《さる》

酉《とり》

戌《いぬ》

亥《い》

十二支は年を数えることば。年《ねん》がじょうにその年の干支《えと》を
かいたりするよね。むかしは、年だけじゃなく
時間や方角をあらわす時にも、十二支をつかっていたんだ。
月にも、それぞれの名前があるんだよ。
きせつかんを大切にした日本ならではの名前をつかってみよう。

「和風月名《わふうげつめい》」

師走《しわす》(十二月《じゅうにがつ》)

霜月《しもつき》

神無月《かんなづき》

長月《ながつき》

葉月《はづき》

文月《ふみづき》

睦月《むつき》(一月《いちがつ》)

如月《きさらぎ》

弥生《やよい》

卯月《うづき》

皐月《さつき》

水無月《みなづき》

仁《じん》・義《ぎ》・礼《れい》・智《ち》・忠《ちゅう》・信《しん》・孝《こう》・悌《てい》

曲亭馬琴《きょくていばきん》「南総里見八犬伝《なんそうさとみはっけんでん》」より

「小の月」というのは、一か月が三十一日に満《み》たない月のこと。「一富士…」は、初夢《はつゆめ》に見るとえんぎがいいものの順番《じゅんばん》だよ。

西向《にしむ》く士《さむらい》　小《しょう》の月《つき》

二《に》四《し》六《む》九《く》十一《(さむらい)》

一《いち》富士《ふじ》　二《に》鷹《たか》　三《さん》茄子《なすび》

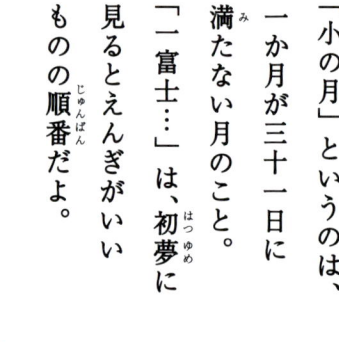

起《お》きて半《はん》畳《じょう》

寝《ね》て一《いち》畳《じょう》

おっと合点《がってん》承知《しょうち》之《の》助《すけ》

あたりき車力《しゃりき》よ車《くるま》曳《ひ》き

結構《けっこう》毛《け》だらけ猫《ねこ》灰《はい》だらけ

嘘《うそ》を築《つき》地《じ》の御《ご》門《もん》跡《ぜき》

困《こま》った膏《こう》薬《やく》貼《は》り場《ば》がねぇ

いつもつかうことばに、
こんなことばをつけたしてみよう。
友だちからなにかいわれて「あたりまえだよ」
とこたえるかわりに、「あたりき車力よ車曳き！」
といってみるとノリがよくなるよね。
会話がイキイキと楽しくなる
つけたしことばをたくさんおぼえよう。

蟻《あり》が鯛《たい》なら
芋虫《いもむし》や鯨《くじら》

驚《おどろ》き桃《もも》の木《き》
山椒《さんしょ》の木《き》

ごめんそうめん
ゆでたらにゅうめん

たまげた　駒《こま》下《げ》駄《た》　東《あずま》下《げ》駄《た》

ちょっとしたことであやまる時に、
ただ「ごめんね」というより
「ごめん　そうめん　ゆでたらにゅうめん」
というほうが、ついわらっちゃって、
なかなおりできそうだね。
「めん」や「げた」がつづいているのは、
「韻《いん》をふむ」という日本語のテクニック。
同じ音がくりかえされると
リズミカルになるから、
声に出して読んでみよう。

恐《おそ》れ入谷《いりや》の鬼子母神《きしもじん》

そうで有馬《ありま》の水天宮《すいてんぐう》

お茶《ちゃ》の子《こ》さいさい

河童《かっぱ》の屁《へ》

何《なに》か用《よう》か九日《ここのか》十日《とおか》

困《こま》り煎《いり》豆《まめ》山《さん》椒《しょ》味《み》噌《そ》

その手《て》は桑《くわ》名《な》の焼蛤《やきはまぐり》

何《なに》がなんきん唐《とう》茄《な》子《す》かぼちゃ

生姜《しょうが》なければ茗荷《みょうが》がある
どうした拍子《ひょうし》の瓢箪《ひょうたん》やら

まっすぐな道《みち》でさみしい

種《たね》田《だ》山《さん》頭《とう》火《か》

風けいは、みる人の気もちによって
楽しくみえたり、かなしくみえたりするもの。
同じ風けいでも、かんじかたは、
みんなちがうんだね。まっすぐな道をみて
さみしいと思うのは、どんな時なんだろう。
こんなみじかいことばからも、
気もちや風けいがそうぞうできるのが
ことばの力なんだ。

東海《とうかい》の小島《こじま》の
磯《いそ》の白砂《しらすな》に
われ泣《な》きぬれて
蟹《かに》とたはむる

石川啄木《いしかわたくぼく》「一握《いちあく》の砂《すな》」より

む《う》まさ《そ》うな　雪《ゆき》がふうは《わ》り　ふは《わ》り哉《かな》

小《こ》林《ばやし》一《いっ》茶《さ》

秋《あき》深《ふか》き　隣《となり》は何《なに》を　する人《ひと》ぞ

松《まつ》尾《お》芭《ば》蕉《しょう》

春《はる》の海《うみ》　終日《ひねもす》のたり　のたり哉《かな》

与《よ》謝《さ》蕪《ぶ》村《そん》

柿《かき》くへ《え》ば　鐘《かね》が鳴《な》るなり　法隆寺《ほうりゅうじ》
正岡子規《まさおかしき》

痩蛙《やせがえる》　まけるな一茶《いっさ》　是《これ》に有《あり》
小林一茶《こばやしいっさ》

我《われ》と来《き》て　遊《あそ》べや　親《おや》のない雀《すずめ》
小林一茶《こばやしいっさ》

声に出して読むと、リズムのよさがわかるよね。俳句《はいく》は、五・七・五でできていて、きせつをあらわすことば（季語《きご》）が入っているんだ。風けいやできごとをうたいながら、それが心のなかの風けいと、かさなっているのがとくちょうだよ。

それぞれの俳句が、どんな気もちをうたっているか、そうぞうしてみよう。

生《なま》麦《むぎ》　生《なま》米《ごめ》　生《なま》卵《たまご》

すもももももも　もものうち

青《あお》巻《まき》紙《がみ》赤《あか》巻《まき》紙《がみ》黄《き》巻《まき》紙《がみ》

蛙《かえる》ぴょこぴょこ三《み》ぴょこぴょこ
合《あ》わせてぴょこぴょこ六《む》ぴょこぴょこ

となりの客《きゃく》はよく柿《かき》食《く》う客《きゃく》だ
坊《ぼう》主《ず》が屏《びょう》風《ぶ》に上《じょう》手《ず》に坊《ぼう》主《ず》の絵《え》をかいた

引《ひ》き抜《ぬ》きやすい釘《くぎ》
引《ひ》き抜《ぬ》く釘《くぎ》抜《ぬ》き
引《ひ》き抜《ぬ》きにくい釘《くぎ》
引《ひ》き抜《ぬ》く釘《くぎ》抜《ぬ》き

となりの竹《たけ》やぶに
竹《たけ》たてかけたのは
竹《たけ》たてかけたかったから
竹《たけ》たてかけた

同じことばやにたような音が
つづくと、つっかえる時があるよね。
それを正しくはやくいうのが、
早口ことばあそびのおもしろさ。
まちがえたって、
気にしなくていいよ。
なんどもやってみるとうまくなる。
一回だけでなく、三回くりかえして
いえるようにがんばってみよう！

お茶《ちゃ》立《た》ちょ、茶《ちゃ》立《た》ちょ、
ちゃっと立《た》ちょ、茶《ちゃ》立《た》ちょ
青《あお》竹《だけ》茶《ちゃ》筅《せん》で　お茶《ちゃ》ちゃちゃと立《た》ちゃ

京《きょう》の生《なま》鱈《だら》奈《な》良《ら》生《なま》まな鰹《がつお》

のら如《にょ》来《らい》のら如《にょ》来《らい》　三《み》のら如《にょ》来《らい》に　六《む》のら如《にょ》来《らい》

武具《ぶぐ》・馬具《ばぐ》・ぶぐ・ばぐ・
三《み》ぶぐばぐ、
合《あ》わせて武具《ぶぐ》・馬具《ばぐ》・
六《む》ぶぐばぐ

「うゐらう売《う》り」より

向《むこ》うの小山《こやま》の
小寺《こでら》の小僧《こぞう》が
小棚《こだな》の小味噌《こみそ》を
小《こ》なめて
小頭《こあたま》こきんと
こづかれた

結《むす》ばぬ結《むす》び目《め》
結《むす》ぶと結《むす》び目《め》

結《むす》べぬ結《むす》び目《め》
結《むす》べば結《むす》び目《め》

無《む》理《り》に結《むす》べば
結《むす》びに結《むす》び目《め》

かた雪《ゆき》かんこ　しみ雪《ゆき》しんこ
キック、キック、トントントン。
キック、キック、トントントン。
キック、キック、キック、キック、キック、
トントントントン。

宮《みや》沢《ざわ》賢《けん》治《じ》「雪《ゆき》渡《わた》り」より

さっき火事《かじ》だとさわぎましたのは
虹《にじ》でございました

宮沢賢治《みやざわけんじ》「報告《ほうこく》」より

申《もう》し上《あ》げます。
申《もう》し上《あ》げます。
旦那《だんな》さま。
あの人《ひと》は、酷《ひど》い。

太宰治《だざいおさむ》「駆込《かけこ》み訴《うった》え」より

いやなんです
あなたのいって
しまふ《う》のが――

高村光太郎《たかむらこうたろう》「人《ひと》に」より

僕《ぼく》の前《まえ》に道《みち》はない
僕《ぼく》の後《うし》ろに道《みち》は出来《でき》る

高村光太郎《たかむらこうたろう》「道程《どうてい》」より

山《やま》の動《うご》く日《ひ》来《きた》る

与謝野晶子《よさのあきこ》「そぞろごと」より

寿限無《じゅげむ》　寿限無《じゅげむ》　五劫《ごこう》のすりきれ
海砂利水魚《かいじゃりすいぎょ》の　水行末《すいぎょうまつ》　雲来末《うんらいまつ》　風来末《ふうらいまつ》
食《く》う寝《ね》るところに住《す》むところ
やぶらこうじの　ぶらこうじ
パイポ　パイポ　パイポの　シューリンガン
シューリンガンの　グーリンダイ
グーリンダイの　ポンポコピーの
ポンポコナの　長久命《ちょうきゅうめい》の長助《ちょうすけ》！

「古典落語《こてんらくご》」より

吾《わ》れ十有《じゅうゆう》五《ご》にして学《がく》に志《こころざ》す
三十《さんじゅう》にして立《た》つ
四十《しじゅう》にして惑《まど》わず
五十《ごじゅう》にして天命《てんめい》を知《し》る
六十《ろくじゅう》にして耳順《みみしたが》う
七十《しちじゅう》にして心《こころ》の欲《ほっ》する所《ところ》に従《したが》って、矩《のり》を踰《こ》えず

孔子《こうし》「論語《ろんご》」より

むかしの中国の思そう家である孔子が、人生をふりかえっていったことば。
これから長い人生を歩んでいくみんなにとっては、
人生がどうすすんでいくかを、てらしてくれることばになるよ。
まよったり、なやんだり、ふあんになったりした時に、思い出したいことばだね。

春《はる》雨《さめ》じゃ
濡《ぬ》れて行《い》こう

行《ゆき》友《とも》李《り》風《ふう》「月《つき》形《がた》半《はん》平《ぺい》太《た》」より

富《ふ》士《じ》には
月《つき》見《み》草《そう》がよく似《に》合《あ》う

太《だ》宰《ざい》治《おさむ》「富《ふ》嶽《がく》百《ひゃっ》景《けい》」より

秘《ひ》すれば花《はな》なり

世阿弥《ぜあみ》「風姿花伝《ふうしかでん》」より

我《われ》思《おも》う、故《ゆえ》に我《われ》あり

デカルト

初《しょ》心《しん》忘《わす》るべからず

世《ぜ》阿《あ》弥《み》「花鏡《かきょう》」より

為《な》せば成《な》る　為《な》さねば成《な》らぬ何事《なにごと》も
成《な》らぬは人の為《な》さぬなりけり

上杉《うえすぎ》鷹山《ようざん》

元気が出ることばだね。
ことばは、時に自分の心を強くしてくれる。
はるかむかしからあることばは、
それだけ長い間、たくさんの人をすくってきた
ということでもあるんだ。
自分で自分をはげますことばをたくさん知って、
きずついたり、おちこんだりしたら、
ことばの力を自分のなかにとりこんでいこう。

烈火《れっか》のごとく怒《いか》る

それ
わたしとは
なんぢやいな

つうと言《い》えばかあ

根《ね》つきり
葉《は》つきり
これつきり

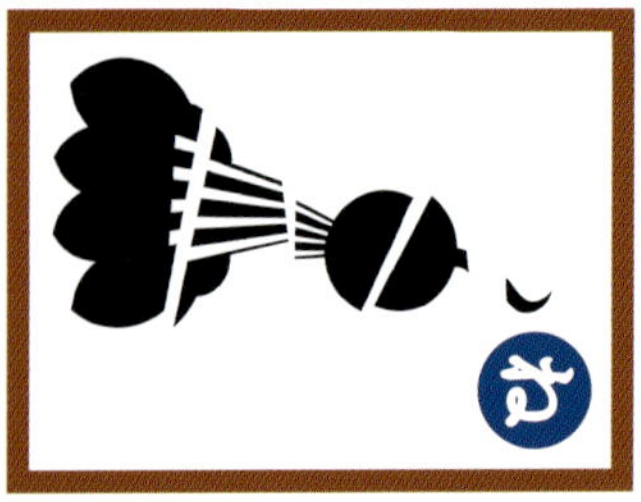

輪廻転生《りんねてんしょう》

盗人猛々《ぬすっとたけだけ》しい

るつてめらーにや
ぴゆーん

を《お》とめの姿《すがた》
しばしとどめむ《ん》

犬《いぬ》が西《にし》向《む》きゃ尾《お》は東《ひがし》

老骨《ろうこつ》に鞭《むち》打つ

春雨《はるさめ》じゃ
濡《ぬ》れて行《い》こう

人間万事塞翁《にんげんばんじさいおう》が馬《うま》

いろはかるた 其《そ》の二《に》

本降《ほんぶ》りになって
出《で》て行《い》く雨《あま》やどり

へそが茶《ちゃ》を沸《わ》かす

飛《と》んで火《ひ》に入《い》る
夏《なつ》の虫《むし》

ちちんぷいぷい

わたしの
まちがいだった

火事《かじ》と喧嘩《けんか》は
江戸《えど》の花《はな》

よいっぱりの
朝《あさ》ねぼう

たとえ火《ひ》の中水《なかみず》の底《そこ》

何《なに》か用《よう》か九日十日《ここのかとおか》

来年《らいねん》の
今月今夜《こんげつこんや》に
なったらば

無芸大食《むげいたいしょく》

嘘《うそ》を築地《つきじ》の御門跡《ごもんぜき》

草木《くさき》も眠《ねむ》る
丑三《うしみ》つ時《どき》

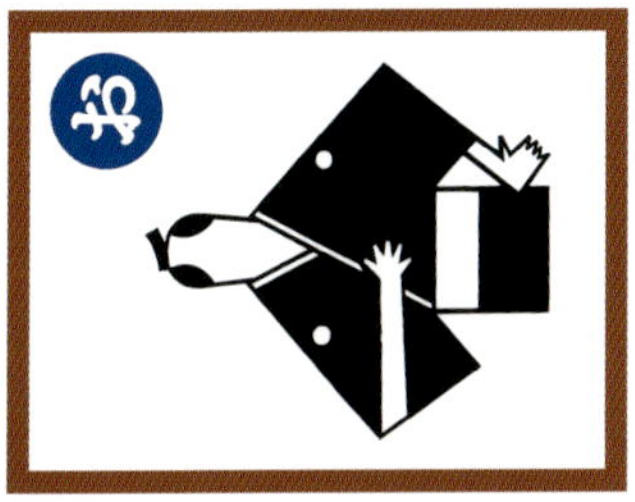

おっと合点承知《がってんしょうち》之助《のすけ》

飲《の》みねえ飲《の》みねえ
寿司《すし》喰《く》いねえ

ゐ《い》だてん走《ばし》り

蟻《あり》が鯛《たい》なら芋虫《いもむし》や鯨《くじら》

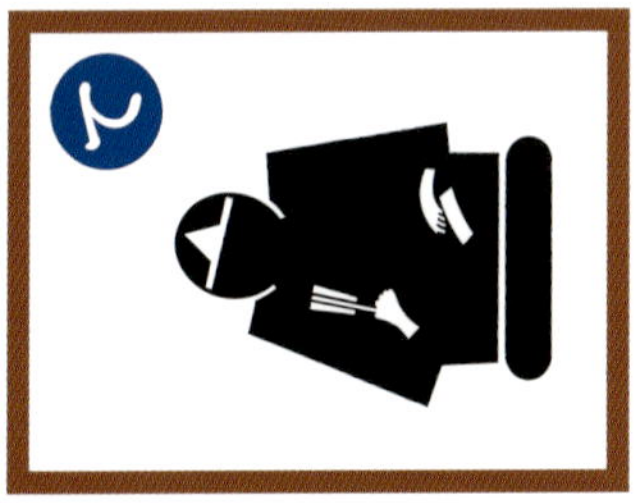

天国《てんごく》の小噺《こばなし》です。
あの世《よ》。

えらいやっちゃ
えらいやっちゃ
よいよいよいよい

こいつァ春《はる》から
縁起《えんぎ》がいいわえ

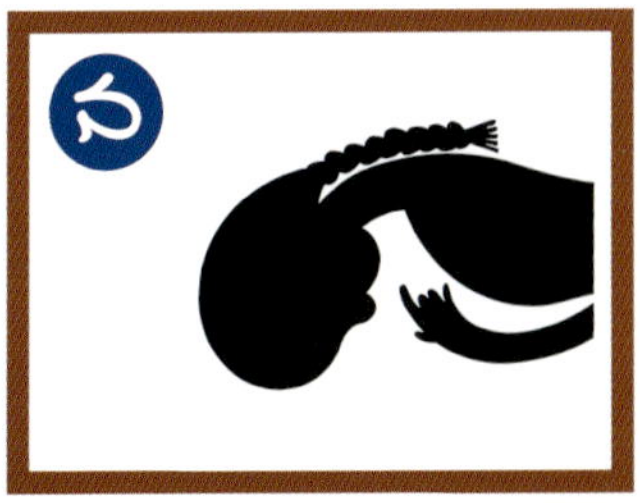

人《ひと》こひ《い》初《そ》めし
はじめなり

絵《ゑ(え)》にも描《か》けない
美《うつく》しさ

死《し》んだと思《おも》った
お富《とみ》たァ
お釈迦様《しゃかさま》でも
気《き》が附《つ》くめえ

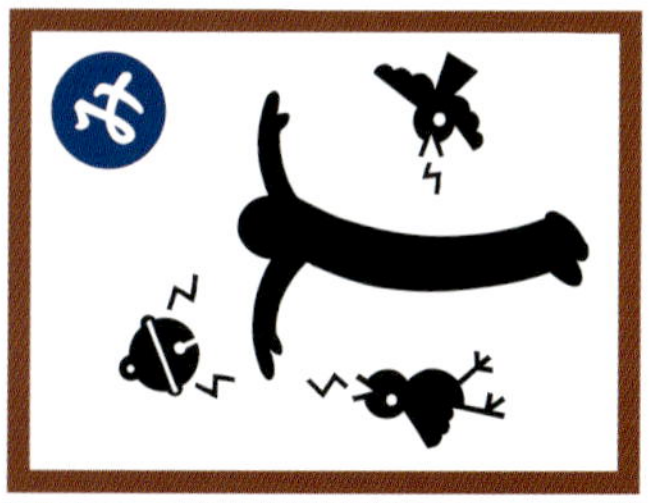

みんなちがって、
みんないい

申《もう》し上《あ》げます。
旦那《だんな》さま。
あの人《ひと》は、酷《ひど》い。

さんま苦《にが》いか
塩《しょ》っぱいか

山《やま》のあなたの空遠《そらとお》く

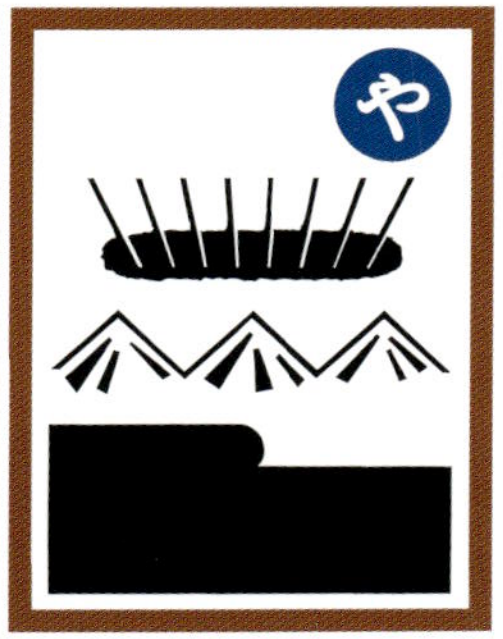

絶景《ぜっけい》かな　絶景《ぜっけい》かな

義《ぎ》を見《み》て
為《な》さざるは
勇無《ゆうな》きなり

まっすぐな道《みち》で
さみしい

空腹《すきばら》に雷《かみなり》ひびく
夏野哉《なつのかな》

ゆあーん　ゆよーん
ゆやゆよん

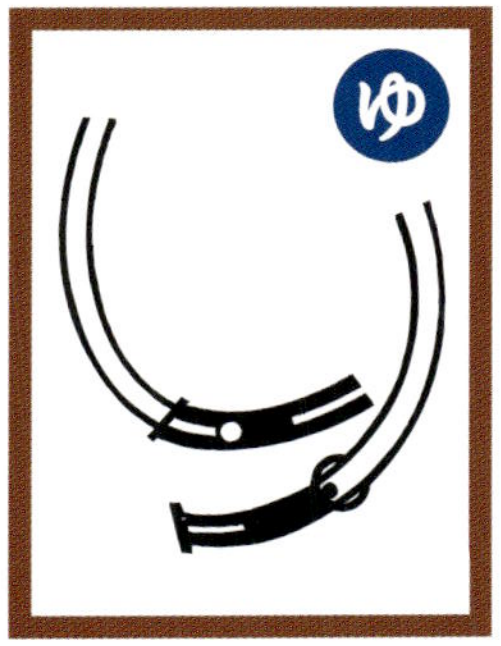

けんもほろろ

京《きょう》の五条《ごじょう》の橋《はし》の上《うえ》

冥途《めいど》の旅《たび》の一里塚《いちりづか》

ふつつかもの
ですが

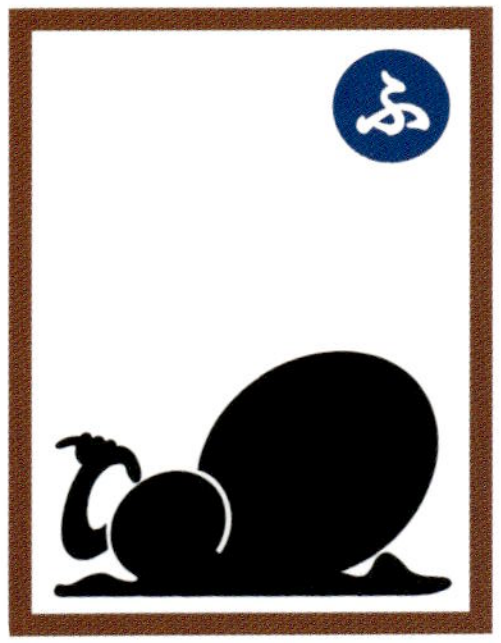

NHK Eテレ「にほんごであそぼ」

おっと合点承知之助
ことばをつかってみよう

初版発行　二〇一四年三月
NHK Eテレ「にほんごであそぼ」制作班／編
齋藤　孝／監修

NHK Eテレ「にほんごであそぼ」
番組企画・制作　NHK エデュケーショナル
番組プロデューサー　中村哲志　坂上浩子　中嶋尚江　久保なおみ
かるた・「十二支」・「寿限無」絵　仲條正義
衣装・セットデザイン　ひびのこづえ
アートディレクション　佐藤　卓
デザイン　日下部昌子（佐藤卓デザイン事務所）
執筆・編集協力　佐藤　恵
DTP　遠山　実

発行所　株式会社　金の星社
〒一一一-〇〇五六　東京都台東区小島一-四-三
TEL　〇三-三八六一-一八六一（代表）
FAX　〇三-三八六一-一五〇七（代表）
印刷・製本　図書印刷　株式会社

振替 00100-0-64678
48ページ　25.8cm　NDC811　ISBN978-4-323-04442-2

Published by KIN-NO-HOSHI SHA Co.,Ltd, Tokyo JAPAN
http://www.kinnohoshi.co.jp

NHK Eテレ

にほんごであそぼ

全5巻

シリーズNDC810（日本語）
A4変型判 48ページ　図書館用堅牢製本

NHK Eテレ「にほんごであそぼ」制作班・編

「雨《あめ》ニモマケズ
名《めい》文《ぶん》をおぼえよう」
齋藤 孝・監修

「おっと合《がっ》点《てん》承《しょう》知《ち》之《の》助《すけ》
ことばをつかってみよう」
齋藤 孝・監修

「でんでらりゅうば
歌《うた》って日《に》本《ほん》をかんじよう」
齋藤 孝・監修

「ややこしや
伝《でん》統《とう》芸《げい》能《のう》にふれてみよう」
齋藤 孝・監修

「あずましい
方《ほう》言《げん》・お国《くに》ことばのたび」
佐藤亮一・監修